DÉPARTEMENT D'ALGER

TABLEAU

DES MUNICIPALITÉS

Communes de Plein Exercice

MAI 1925

ALGER

IMPRIMERIE ADMINISTRATIVE VICTOR HEINTZ

41 Rue Mogador 41

1925

TABLEAU DES MUNICIPALITÉS

ARRONDISSEMENT D'ALGER

Aïn-Bessem

Maire, M. Mongellaz, Aimé.
Adjoint, M. Dubœuf, Charles.

Aïn-Taya

Maire, M. Sintès, Michel.
Adjoint, M. Villalonga, Pierre.

Alger

Maire, M. Raffi.
1er Adjoint, M. Fuster.
  2e — M. Cayron.
  3e — M. Legendre.
  4e — M. Billon du Plan.
  5e — M. Dalloni.
  6e — M. Filippi.
  7e — M. Arnassan.
  8e — M. Lévy.
  9e — M. Pestre.
10e — M. Laffont.
11e — M. Bou Meddine.

Alma

Maire, M. Purtschet, Edouard.
Adjoint, M. Gontier, Louis.

Ameur-el-Aïn

Maire, M. Augé, Jules.
Adjoint, M. Papillon, Marius.
Adjoint supplémentaire, M. Détienne, Henri.

Arba

Maire, M. Bagnouls, Joseph.
Adjoint, M. Mira, Antoine.
Adjoint supplémentaire, M. Gatt, Gaëtan.

Arbatache

Maire, M. Gastaud, Léon.
Adjoint, M. Bagard, Charles.
Adjoint supplémentaire, M. Vaglio, Jean.

Attatba

Maire, M. Jannin, Léon.
Adjoint, M. Galiacy, Jean.

Aumale

Maire, M. Gardel, Charles.
Adjoint, M. Lévy, Marcel.
Adjoint supplémentaire. M. Oulieu, Alfred.

Baba-Hassen

Maire, M. Rogier, André.
Adjoint, M. Chollet, Basile.

Beni-Mered

Maire, M. Ferrando, Antoine.
Adjoint, M. Duchemin, Maurice.

Bérard

Maire, M. Drouhin, Charles.
Adjoint, M. David, Eugène.
Adjoint supplémentaire, M. Riéra, François.

Birkadem

Maire, M. Truchet, Emmanuel.
Adjoint, M. Aurcille, Jean.

Birmandreïs

Maire, M. Chevalier, Paul.
Adjoint, M. Mienné, Xavier.
Adjoint supplémentaire, M. Carmier-Boillet, Emile.

Bir-Rabalou

Maire, M. Puybareau-Manaud, Félix.
Adjoint, M. Bouguet, André.
Adjoint spécial des Trembles, M. Sapor, Eugène.

Birtouta

Maire, M. Coudray, Jean.
Adjoint, M. Bénéjean, Antoine.
Adjoint supplémentaire, M. Huck, François.

Blida

Maire, M. Dachot, Xavier.
1ᵉʳ Adjoint, M. Pellenc, Urbain.
2ᵉ   —   M. Lévy, Josué.
Adjoint spécial de Dalmatie, M. Frasse-Sombet, Amédée.
Adjoint supplémentaire, M. Farhi, Benaïssa.

Boufarik

Maire, M. Froger, Amédée.
1ᵉʳ Adjoint, M. Bouschbacher, Alphonse.
2ᵉ   —   M. Rayret, Louis.
Adjoint supplémentaire, M. Schérer, Charles.

Bouinan

Maire, M. Navarro, André.
Adjoint, M. Rayret, Eugène.

Bouïra

Maire, M. Bordes, Louis.
Adjoint, M. Bertolli, Dominique.

Bourkika

Maire, M. Aupècle, Jean.
Adjoint, M. Weishaar, Camille.

Bouzaréa

Maire, M. Antonini, Félix.
Adjoint, M. Peltier, Étienne.

Cap-Matifou

Maire, M. Cervera, Jacques.
Adjoint, M. Dabadie, Jean.

Castiglione

Maire, M. Matignon, Edouard.
Adjoint, M. Manuel, Marius.

Chebli

Maire, M. Malartre, Amable.
Adjoint, M. Houlmière, Eugène.

Chéragas

Maire, M. Dreuïlhe, Germain.
Adjoint, M. Perès, Léonard.
Adjoint supplémentaire, M. Andrieux, Félix.

Cherchell

Maire, M. Barotaud, Auguste.
1ᵉʳ Adjoint, M. Vuichard, Louis.
2ᵉ   —   M. Gatinaud, Joseph.
Adjoint spécial de Zurich, M. Faizant, Antoine.

Chiffa

Maire, M. Houbé, Paul.
Adjoint, M. Poquet, Joseph.

Courbet

Maire, M. Peu, Auguste.
Adjoint, M. Demange, Eugène.
Adjoint spécial de Zaâtra, M. Wincker, Joseph.

Crescia

Maire, M. Peisson, Jean.
Adjoint, M. Schnell, Eugène.

Dély-Ibrahim

Maire, M. Boyer, Ernest.
Adjoint, M. Roth, Louis.

Douaouda

Maire, M. Delriu, François.
Adjoint, M. Breton, Marius.

Douéra

Maire, Treuil, Théophile.
Adjoint, M. Chichizola, Alexandre.
Adjoint supplémentaire, M. Tabariès, Henri.

Draria

Maire, M. Gaichet, François.
Adjoint, M. Muller, Charles.

El-Achour

Maire, M. Favier, Jules.
Adjoint, M. Robin, Emile.

El-Affroun

Maire, M. Averseng, Gaston.
Adjoint, M. Danière, Lucien.
Adjoint supplémentaire, M. Monneret, Ambroise.

El-Biar

Maire, M. Luciani, Dominique.
1er Adjoint, M. Franchi, Pierre-Paul.
2e id.   M. Arnaud, Léopold.

Félix-Faure

Maire, M. Beyer, Auguste.
Adjoint, M. Dustou, Paul.
Adjoint spécial d'Isserbourg, M. Moll, André.

Fondouck

Maire, M. Torrès, Joseph.
Adjoint, M. Carton, Emmanuel.
Adjoint supplémentaire, M. Neuville, Aimé.

Fort-de-l'Eau

Maire, M. Pons, François.
Adjoint, M. Llurens, Estève.
Adjoint supplémentaire, Chartagnat, Jean.

Fouka

Maire, Leuwers, Henri.
Adjoint, M. Gleizes, Auguste.

Gouraya

Maire, M. Plançon, Alphonse.
Adjoint, M. Arcellier, Casimir.

Guyotville

Maire, M. Adorno, Joseph.
1er Adjoint, M. Chaudière, Paul.
2e id.   M. Ambrosino, Charles.

Hussein-Dey

Maire, M. Luccioni, Achille.
1er Adjoint, M. Ouvier, Jean.
2e id.   M. Ferré, Fernand.

Koléa

Maire, M. Desarbres, Henri.
Adjoint, M. Terras, Julien.

Kouba

Maire, M. Chanel, Jules.
Adjoint, M. Grellet, Victor.

Mahelma

Maire, M. Suavet, Charles.
Adjoint, M. Schemer, Louis.

Maison-Blanche

Maire, M. Dupuy, René.
Adjoint, M. Ségui, Joseph.

Maison-Carrée

Maire, M. Tourenne, Léon.
1er Adjoint, M. Crocherie, Henri.
2e   id.   M. Redon, Michel.

Marengo

Maire, M. Muller Jean.
1er Adjoint, M. Végler, Emile.
2e   id.   M. Telfour, Omer.
Adjoint spécial de Desaix, M. Thomas, Emile.
       id.   de Montebello, M. Masquefa, Joseph.

Ménerville

Maire, M. Boniface, César.
Adjoint, M. Schneider, Auguste.
Adjoint spécial de Bellefontaine, M. Egrot, Georges.
       id.   de Souk-el-Haâd, M. Monsempès, Laurent.

Meurad

Maire, M. Despaux, Ernest.
Adjoint, M. Legris, Eugène.

Mouzaïaville

Maire, M. Blard, Joseph.
Adjoint, M. Tesquet, Henri.

Novi

Maire, M. Darricarrère, Charles.
Adjoint, M. Malfettes, Jules.

Oued-el-Alleug

Maire, M. Chuffart, Victor.
Adjoint, M. Agullo, Pierre.
Adjoint supplémentaire, M. Albertin, Joseph.

Ouled-Fayet

Maire, M. Crisias, Emile.
Adjoint, M. Ménolfy, François.

Palestro

Maire, M. Becker, René.
Adjoint, M. Gander, Louis.
Adjoint supplémentaire, M. Seigneurie, René.

Réghaïa

Maire, Bénéjean, Christophe.
Adjoint, M. Olivès, Pierre.

Rivet

Maire, M. Picimbono, Maurice.
Adjoint, M. Pérez, Léon.

Rouïba

Maire, M. Géner, Joseph.
Adjoint, Humbert, Georges.

Rovigo

Maire, M. Dumas, Albert.
Adjoint, M. Coche, Emile.

St-Eugène

Maire, M. Laquière, Raymond.
1ᵉʳ Adjoint, M. Papillon, Joseph.
2ᵉ   id.   M. Hugon, Victor.

St-Ferdinand

Maire, M. Rollin, Eugène.
Adjoint, M. Raynal, Jules.

St-Pierre-St-Paul

Maire, M. Bourlier, Charles.
Adjoint, M. Clément, Charles.

Saoula

Maire, M. Thévenet, Lucien.
Adjoint, M. Bence, Marius.

Sidi-Moussa

Maire, M. Ronda, Joseph.
Adjoint, M. Rodriguez, François.

Souma

Maire, M. Carre, Paul.
Adjoint, M. Astier, Marcel.

Staouéli

Maire, M. Hunnebelle, Edouard.
Adjoint, M. Segond, Eugène.
Adjoint spécial de Sidi-Ferruch, M. Smith, Auguste.

Téféschoun

Maire, M. Grave, René.
Adjoint, M. Poincelin, Julien.
Adjoint supplémentaire, M. Pons, Guillaume.

Tipaza

Maire, M. Théron, Henri.
Adjoint, M. Coynel, Eugène.

Zéralda

Maire, M. Bertino, Jean.
Adjoint, M. Ratel, François.

ARRONDISSEMENT DE MÉDÉA

Berrouaghia

Maire, M. Jamot, Edouard.
Adjoint, Ferrafiat, Célestin.

Boghar

Maire, M. Alessandri, Albert.
Adjoint, M. Carlotti, André.

Boghari

Maire, M. Faraud, Paul.
Adjoint, M. Baschiéra, Victor.

Damiette

Maire, M. Clariond, Emile.
Adjoint, M. Alazard, Joseph.
Adjoint supplémentaire, M. Bourgade, Virgile.

Lodi

Maire, M. Izard, Jean.
Adjoint, M. Dupoizat, Augustin.

Médéa

Maire, M. Daudet, Edmond.
1ᵉʳ Adjoint, M. Pruvost, René.
2ᵉ   id.   M. Abou, David.

ARRONDISSEMENT DE MILIANA

Affreville

Maire, M. Jourdan, Eugène.
Adjoint, M. Gradvohl, Paul.
Adjoint supplémentaire, M. Vallet, Célestin.

Aïn-Sultan

Maire, M. Téton, Achille fils.
Adjoint, M. Dunant, Emile.

Bou-Medfa

Maire, M. Germain, Xavier.
Adjoint, M. Mougeot, Charles.

Burdeau

Maire, M. Furgier, Hilaire.
Adjoint, M. Bonnin de Sarrauton, Emile.

Duperré

Maire, M. Monnet, Gabriel.
Adjoint, M. Mathiot, Eugène.
Adjoint supplémentaire, M. Défillon, Camille.

Kherba

Maire, M. André, Eugène.
Adjoint, M. Estiot, Emile.

Lavarande

Maire, M. Granger, Alodi.
Adjoint, M. Garcia, Jean.

Littré

Maire, M. Benas, Pierre.
Adjoint, M. Coste, Jules.

Miliana

Maire, M. Michalet, Alexandre.
1er Adjoint, M. Joulain, Charles.
2e   —   M. Duquesnoy, Louis.

Rouïna

Maire, M. Mandouil, Antoine.
Adjoint, M. Vincent, Elie.

Téniet-el-Haâd

Maire, M. Duboucher, Louis-Désiré.
Adjoint, M. Bonetto, Emile.

Vesoul-Bénian

Maire, M. Pailles, Joseph.
Adjoint, M. Régnier, Joseph.

Vialar

Maire, M. Aucaigne, Charles.
Adjoint, M. Rouquet, Cyprien.

———

Arrondissement d'Orléansville

Attafs

Maire, M. Gomila, Antoine.
Adjoint, M. Caminade, Aristide.
Adjoint spécial de Wattignies, M. Gounelle, Albert.
Adjoint supplémentaire, M. Ameller, Michel.

Carnot

Maire, M. Junillon, Lucien.
Adjoint, M. Meysonnat, Lucien.
Adjoint supplémentaire, M. Durand, Bastien.

Cavaignac

Maire, M. Maylié, Amédée.
Adjoint, M. Fabry, Gabriel.

Charon

Maire, M. Magallon, André.
Adjoint, M. Bourgue, Raymond.

Montenotte

Maire, M. Birgi, Emile.
Adjoint, M. Suire, Adhémar.

Orléansville

Maire, M. Robert, Joseph.
1er Adjoint, M. Magrey, Victorin.
2e   —   M. Schicluna, Vincent.
Adjoint spécial de la Ferme, M. Laforest, Hippolyte.
Adjoint spécial de Pontéba, M. Bissac, Auguste.

Oued-Fodda

Maire, M. Rencurel. Gabriel.
Adjoint, M. Kauffmann, Edmond.
Adjoint spécial de Vauban, M. Bure, Jean-Baptiste.

Ténès

Maire, M. Lauprêtre, Philibert.
Adjoint, M. Degeorges, Lucien.

ARRONDISSEMENT DE TIZI-OUZOU

Abbo

Maire, M. Abbo, Gabriel.
Adjoint, M. Thevenot, Clément.

Boghni

Maire, M. Broc, Marius.
Adjoint, M. Roux, Jean.
Adjoint supplémentaire, M. Azario. Adolphe.

Bordj-Ménaïel

Maire, M. Panzani, Paul.
Adjoint, M. Moll, André.

Camp-du-Maréchal

Maire, M. Marter, Joseph.
Adjoint, M. Knecht, Martin.

Dellys

Maire, M. Zamouth, Paul.
Adjoint, M. Vion-Loisel, Gustave.
Adjoint spécial de Ben-N'choud-Ouled-Keddach,
M. Baille, Georges.

Dra-el-Mizan

Maire, M. Lignières, Louis.
Adjoint, M. Letzelter, Jean.
Adjoint spécial de Beauprêtre, M. Rossel, Charles.

Fort-National

Maire, M. Courteaud, Louis.
Adjoint, M. Lugon-Moulin, Max.
Adjoint supplémentaire, M. Passicos, Augustin.

Haussonvillers

Maire, M. Lorentz, Charles.
Adjoint, M. Bossert, Joseph.

Isserville

Maire, M. Pélissié, Emile.
Adjoint, M. Moulin, Jules.
Adjoint spécial de Chabet-el-Ameur, M. Mermier, Louis.

Mekla

Maire, M. Delympe, Hilarion.
Adjoint, M. Dubois, Emile.

Mirabeau

Maire, M. Deiss, Georges.
Adjoint, M. Delacoste, Edouard.

Rebeval

Maire, M. Meinard, Eugène.
Adjoint, M. Helme, Pierre.

Tizi-Ouzou

Maire, M. Weinmann, Arsène.
Adjoint, M. Laffont, Paul.

Tizi-Reniff

Maire, M. Fournier, Emile.
Adjoint, M, Chanoue, Marius.